AUTORE

Luigi Manes (18 luglio 1966) ha già pubblicato due volumi insieme ad altri autori, "Italia 43-45 – I mezzi delle unità cobelligeranti" (2018 - Mattioli 1885) con Paolo Crippa e "Carri armati Sherman in Sicilia" (2018 - Edizioni Ardite) con Lorenzo Bovi. Ha inoltre realizzato vari articoli per la rivista di modellismo militare "Steel Art" e per il sito "ModellismoPiù". Da sempre interessato alla storia della Seconda Guerra Mondiale, nutre una grande passione per il carro armato medio Sherman, sia dal punto di vista storico sia da quello tecnologico.

AUTHOR

Luigi Manes (18 luglio 1966) has already published two books with other authors, "Italy 43-45 – AFV's and MV's of co-belligerent units" (Mattioli 1885 – 2018) with Paolo Crippa and "Carri armati Sherman in Sicilia" (2018 – Edizioni Ardite) with Lorenzo Bovi. He has written various articles, both for the military modeling magazine "Steel Art" and the website "ModellismoPiù". Always interested in the history of Second World War, he has a great passion for the Sherman medium tank from an historical and technological point of view.

PUBLISHING'S NOTES

LICENSES COMMONS

RINGRAZIAMENTI / ACKNOWLEDGMENTS

Lo scopo principale di questo libro è quello di fornire al lettore un album fotografico delle versioni del carro armato medio Sherman impiegate dagli eserciti alleati in Europa nord-occidentale. Desidero ringraziare Luca Cristini per il costante supporto offerto durante la preparazione del volume. Grazie anche ai miei amici, Mario Bentivoglio, Paolo Crippa e Andrea Sala, per avermi incoraggiato a pubblicare questo lavoro.
Luigi Manes

For a complete list of Soldiershop titles please contact Luca Cristini Editore on our website: www.soldiershop.com or www.cristinieditore.com. E-mail: info@soldiershop.com

Titolo: **IL CARRO ARMATO MEDIO SHERMAN - Nel teatro bellico euroepeo** Code.: **WTW-004 IT**
Di Luigi Manes.
ISBN code: 978-88-93274623 prima edizione giugno 2019
Lingua: Italiano Nr. di immagini: 133 dimensione: 177,8x254mm Cover & Art Design: Luca S. Cristini

WITNESS TO WAR (SOLDIERSHOP) is a trademark of Luca Cristini Editore, via Orio, 35/4 - 24050 Zanica (BG) ITALY.

WITNESS TO WAR

IL CARRO ARMATO MEDIO SHERMAN

NEL TEATRO BELLICO EUROPEO

PHOTOS & IMAGES FROM WORLD WARTIME ARCHIVES

LUIGI MANES

SOLDIERSHOP PUBLISHING

BOOKS TO COLLECT

INDICE

▲ Manifesto propagandistico statunitense - 2a Guerra Mondiale (U.S. WW2 Propaganda Poster)

IL CARRO ARMATO MEDIO SHERMAN NEL TEATRO BELLICO EUROPEO

All'inizio della Seconda Guerra Mondiale, la dottrina ufficiale dell'esercito statunitense sosteneva che i carri armati dovessero essere impiegati soprattutto in appoggio alle operazioni offensive condotte dalla fanteria.

La distruzione dei mezzi corazzati nemici era invece il primario obiettivo dei cosiddetti *Tank Destroyer Battalions*, equipaggiati con cannoni anticarro e semoventi cacciacarri.

Lo Sherman americano, in grado di percorrere ampie distanze senza incorrere in gravi avarie, era un carro armato medio perfettamente idoneo all'esecuzione di manovre volte a penetrare profondamente nelle linee avversarie. Le unità corazzate statunitensi che sbarcarono in Normandia erano per la maggior parte dotate di Sherman M4 e M4A1, muniti di motori radiali alimentati a benzina e cannoni da 75 mm di calibro.

Nel 1944, il cannone M3 montato sugli Sherman consentiva agli equipaggi alleati di affrontare in condizioni di parità il Panzerkampfwagen IV ma l'apparizione di carri tedeschi più pesanti come il Tiger e il Panther, mutò drasticamente la situazione. E' doveroso sottolineare che durante il conflitto gli scontri tra mezzi corazzati non furono le più comuni forme di combattimento. I carri armati furono infatti più frequentemente coinvolti in azioni contro bersagli "morbidi" come le fanterie, le artiglierie o altri veicoli non protetti. Tuttavia, quando in Normandia gli Alleati cominciarono a imbattersi con maggior frequenza nel Panther, apparve chiaro che il pezzo da 75 mm dello Sherman era inadeguato di fronte a simili avversari. Il Panther poteva agevolmente sconfiggere lo Sherman centrandolo da 1.000 m. Al contrario, l'armamento principale del carro alleato non riusciva a perforare la corazzatura anteriore del Panther, spessa e fortemente inclinata, neppure alle più brevi distanze.

Allo scopo di ovviare a tale problema, i britannici decisero di accrescere la potenza di fuoco dei propri carri armati. L'A30 Challenger, basato sul carro Cromwell, sarebbe stato dotato del potente cannone da 17 libbre (76,2 mm) che vantava eccellenti prestazioni controcarro.

Nondimeno, emerse la convinzione che lo Sherman sarebbe stato più adatto ad ospitare la temibile arma. Il risultato della conversione, eseguita sulle varianti M4 e M4A4, fu il Firefly che a partire dal D-Day può essere considerato il più efficace degli Sherman.

Il cannone del Firefly utilizzava tre tipi di munizionamento: perforante (Armour Piercing Capped), perforante con cappuccio balistico (Armour Piercing Capped Balistic Capped) e alto esplosivo (High Explosive). Il proiettile perforante con cappuccio balistico poteva penetrare una corazza spessa 13 cm, inclinata a 30°.

Nell'agosto del 1944 fu disponibile la nuova munizione perforante ad abbandono di involucro che sebbene non eccellesse in termini di precisione, era comunque potenzialmente in grado di penetrare la corazza frontale del carro pesante tedesco Tiger II, a una distanza di circa 1.500 m. Gli statunitensi respinsero la proposta britannica di equipaggiare i propri carri armati con il formidabile 17 libbre poiché stavano lavorando a due nuovi armamenti, un cannone da 76 mm e un ottimo pezzo da 90 mm.

Il cannone M1A1 da 76 mm, installato sui nuovi Sherman M4A1 (76) w e M4A3 (76) w, poteva almeno teoricamente mettere fuori combattimento il Panther colpendolo frontalmente a una distanza inferiore a 500 m, purché fosse utilizzato il proiettile perforante T4 ad alta velocità che racchiudeva un'anima al carburo di tungsteno.

Un piccolo lotto di M4A1 (76) w fu inizialmente distribuito alla 2a e alla 3a Divisione Corazzata Statunitense alla fine del mese di luglio del 1944. Molti comandanti di equipaggio americani si mostrarono però riluttanti ad abbandonare i loro vecchi Sherman poiché la granata ad alto esplosivo sparata dal cannone da 76 mm conteneva una carica di gran lunga inferiore a quella dell'omologo munizionamento previsto per il pezzo da 75 mm. Tale atteggiamento sarebbe in ogni caso cambiato a partire dal gennaio del 1945.

Ai fini di accrescere la potenza di fuoco ad alto esplosivo dei reparti corazzati, gli americani svilupparono due cannoni d'assalto, l'M4 (105) e l'M4A3 (105), dotando di un obice il carro armato Sherman. Ogni battaglione carri statunitense presente in Europa sarebbe stato provvisto almeno sulla carta di sei mezzi corazzati di questo tipo.

I vertici dell'esercito britannico non ritennero invece indispensabile l'impiego di Sherman configurati in tal guisa. I documenti ufficiali statunitensi riportano che i britannici ottennero 593 M4 (105) ma pare che nessun esemplare sia stato effettivamente da essi utilizzato sui campi di battaglia dell'Europa nord-occidentale.

Il Three Rivers Regiment, operante in seno alla 1a Brigata Corazzata Canadese fu una delle rare unità del Commonwealth che ebbe in carico un limitato numero di questi carri d'assalto, come dimostrato da alcune fotografie scattate nel periodo immediatamente successivo al termine del conflitto. La versione finale dell'M4A3 (mosso da un propulsore Ford), destinata ad equipaggiare per molti anni l'esercito statunitense, ricevette praticamente tutti i tipi di armamento principale previsti per lo Sherman (cannoni M3 da 75 mm, cannoni M1A1 da 76 mm e obici M4 da 105 mm) e costituì inoltre la base per la realizzazione dell'M4A3E2, un carro d'assalto la cui torretta vantava una corazza di 15,24 cm di spessore. La protezione fu ulteriormente aumentata tramite la saldatura di piastre corazzate addizionali sullo scafo superiore, sia anteriormente sia lateralmente e grazie all'adozione di una nuova massiccia copertura del differenziale. Prodotto in 254 esemplari, l'M4A3E2 fu armato con il pezzo da 75 mm, più adeguato a supportare la fanteria. Più tardi, su circa 100 di questi carri l'armamento originale fu sostituito con un cannone da 76 mm.

Gli M4A3E2 furono impiegati sul fronte europeo dagli americani fin dall'autunno del 1944 e vi è prova che almeno uno di essi fu consegnato al 2e Régiment de Chasseurs d'Afrique, formazione appartenente alla 1a Divisione Corazzata Francese. Negli Stati Uniti, il dibattito incentrato sul ruolo dei carri armati imperversò fino a quando gli accadimenti sul campo di battaglia misero inequivocabilmente in evidenza che il buon esito di un combattimento dipendeva in larga misura dalla capacità di impiegare un'adeguata combinazione di fanterie e mezzi corazzati nel corso delle operazioni.

Nel 1942, la divisione corazzata americana era un'unità generalmente destinata al consolidamento del successo ottenuto dalla fanteria. Secondo le *Tabelle Organizzazione ed Equipaggiamento* dell'esercito statunitense all'epoca vigenti, essa comprendeva due reggimenti corazzati, entrambi articolati su tre battaglioni carri e un solo reggimento di fanteria meccanizzata, montato su semicingolati. Si trattava di una formazione la cui struttura era fortemente imperniata sulla componente corazzata, dotata com'era di ben 232 carri medi e 158 carri leggeri. Nel settembre del 1943, fu introdotta una nuova e più snella configurazione, fondata su tre battaglioni carri e altrettanti battaglioni di fanteria meccanizzata. Ogni battaglione carri si articolava su tre compagnie di carri armati medi Sherman e una sola compagnia di carri armati leggeri Stuart. La divisione così organizzata mostrava pertanto un maggiore peso della fanteria rispetto al periodo precedente. Complessivamente infatti, la divisione modello 1943 possedeva solo 186 Sherman e 77 Stuart.

Delle 15 divisioni corazzate americane impiegate sul fronte europeo, ben 13 erano del tipo "leggero". Solamente la 2a e la 3a Divisione Corazzata conservarono l'originale e più "pesante" struttura. Inoltre, quasi tutti i battaglioni carri indipendenti che parteciparono alla campagna europea furono organizzati sulla base dello schema più recente.

A causa del limitato valore bellico degli Stuart, i battaglioni provvisti esclusivamente di carri leggeri furono sostanzialmente riequipaggiati con carri medi Sherman.

L'Esercito della Francia Libera mise in campo tre divisioni corazzate, l'ordinamento delle quali ricalcava quello delle corrispondenti unità statunitensi. Ognuna delle divisioni francesi ottenne inizialmente 165 Sherman, principalmente M4A2 (75) e M4A4 (75), versioni che gli americani destinavano abitualmente alle altre forze alleate impegnate in Europa.

La 2a Divisione Corazzata Francese, inquadrata nella 3a Armata Americana, prese terra in Normandia solo due mesi dopo il D-Day. Sebbene interamente equipaggiata con carri M4A2, ebbe comunque modo di schierare anche alcuni M4 (105).

Dopo aver subito diverse perdite nell'estate del 1944, la divisione ricevette tra gli altri anche modelli di carri Sherman solitamente riservati alle unità statunitensi: M4 (75) e M4A1 (75) (primariamente assegnati ai reparti esploranti e di artiglieria semovente), nonché M4A1 (75) e M4A3, armati con cannoni da 75 e 76 mm oppure con l'obice da 105 mm.

La 1a e la 5a Divisione Corazzata Francese ebbero in origine sia M4A2 sia M4A4. Nel corso della campagna europea, le perdite in carri furono rimpolpate soprattutto con altri M4A4 ma anche con qualche M4A1 (76). Alcuni Sherman provvisti di obice da 105 mm furono distribuiti al 2e Régiment de Cuirassiers della 1a Divisione Corazzata Francese. E' stato provato che almeno due reggimenti della 5a Divisione Corazzata Francese ottennero, in limitata misura, degli M4A1 (75) e degli M4A1 (76) prima della conclusione delle ostilità.

Come abbiamo avuto modo di vedere, la dottrina britannica in tema di mezzi corazzati era alquanto differente da quella americana, essendo maggiormente orientata allo sviluppo di metodi atti a contrastare le concentrazioni di carri nemici.

Ogni brigata corazzata britannica era formata da tre reggimenti carri, reparti che in realtà avevano le dimensioni di un battaglione. Il reggimento corazzato era a sua volta suddiviso in tre squadroni (A, B, C) e un quartier generale. Il comando reggimentale disponeva normalmente di quattro carri (tre di essi erano carri preposti all'osservazione a beneficio dell'artiglieria, il cui armamento principale era sostituito da falsi cannoni di legno).

Ciascuno squadrone era equipaggiato con 15 carri medi, suddivisi in 5 *troops* (compreso il *troop* comando, anch'esso dotato di carri preposti all'osservazione). Successivamente fu introdotta una struttura imperniata su 4 *troop* di 4 carri ciascuno. Oltre ai reparti specializzati assegnati alla 79a Divisione Corazzata, i britannici schierarono sei brigate corazzate equipaggiate con carri Sherman nel teatro bellico europeo. Due di esse erano indivisionate: la 5a Brig. della Guardia era una importante componente della Divisione Corazzata della Guardia, la 29a era parte integrante della 11a Divisione Corazzata. I reggimenti della 7a Divisione Corazzata (i celebri *Desert Rats*) si avvalevano invece innanzitutto di carri Cromwell, pur disponendo della consueta dotazione di Firefly. Le altre quattro brigate (4a, 8a, 27a, 33a) erano unità indipendenti, assegnate ai comandi di corpo d'armata e divisionali secondo le necessità contingenti.

A decorrere dal 1943, tutte le divisioni corazzate britanniche comprendevano nel proprio organico un reggimento corazzato esplorante che all'epoca delle operazioni in Normandia era equipaggiato con carri Cromwell. Si trattava di un nuovo tipo di unità che talvolta veniva utilizzato alla stregua di quarto battaglione carri. Anche se l'esercito britannico fece uso di svariate versioni dello Sherman, è necessario rilevare che sovente esse non erano tutte contemporaneamente rappresentate in una medesima formazione.

Oltre ai Firefly, i britannici impiegarono i modelli armati con il pezzo da 75 mm come gli M4, gli M4A1, gli M4A2 e gli M4A4. All'inizio del 1945, l'11a Divisione Corazzata Britannica dismise i propri Sherman, sostituendoli con i nuovi carri Comet.

Anche le unità corazzate canadesi dispiegate sul fronte europeo, come la 4a e la 5a Divisione e la 1a e la 2a Brigata, furono interamente dotate di Sherman, in massima parte M4A2, M4A4 e Firefly. Contrariamente a quanto ci si potrebbe attendere, i reggimenti corazzati esploranti canadesi non ebbero alcun Cromwell ma furono equipaggiati esclusivamente con Sherman e Stuart.

Le formazioni corazzate cecoslovacche e polacche erano organizzate, come quelle canadesi, secondo i principi britannici. L'M4A4 e il Firefly furono le varianti di Sherman più diffuse nella 1a Divisione Corazzata Polacca.

Quando il fronte si stabilizzò presso la Mosa, la maggioranza di questi carri fu sostituita da nuovi M4A1 (76) w. Addestrata dai britannici e schierata in Francia negli ultimi giorni dell'agosto 1944, la 1a Brigata Corazzata Indipendente Cecoslovacca fu incaricata di contenere le sortite della guarnigione tedesca asserragliata a Dunkerque. I due (poi tre) battaglioni carri di questa unità entrarono in linea con i Cromwell ma è risaputo che i cecoslovacchi ottennero almeno 36 Sherman Firefly.

L'oggettiva inferiorità dello Sherman nei confronti dei più pesanti carri tedeschi di ultima generazione non esercitò un significativo impatto sul corso della guerra. Altri fattori rivestirono maggiore importanza rispetto al divario tecnologico. Uno di essi consistette certamente nell'addestramento dei carristi: molti equipaggi tedeschi di scarsa esperienza stavano andando a colmare i paurosi vuoti apertisi nelle file della *Panzerwaffe*, causati dai lunghi anni di conflitto sopportati dalla Germania.

Lo Sherman assolse pienamente alla propria funzione a causa della crescente qualità dei suoi equipaggi e dello sviluppo di nuove tattiche. Grazie alla propria superiore mobilità, il carro armato medio di produzione americana riusciva ad avere ragione dei meglio protetti panzer tedeschi colpendoli sui fianchi, più vulnerabili. Più affidabile dei propri avversari dal punto di vista meccanico e disponibile in grandi quantità, lo Sherman offrì un importante contributo ai successi alleati sui campi di battaglia dell'Europa nord-occidentale.

SHERMAN STATUNITENSI

▲ Installazione dei dispositivi per il guado profondo previsti per gli scarichi e la presa d'aria principale su un M4 (75) appartenente a un'unità statunitense di stanza in Gran Bretagna prima del D-Day. Ogni carro così adattato veniva inoltre impermeabilizzato con l'ausilio di vari materiali. US NARA

▼ Gran Bretagna, Febbraio 1944: i generali Eisenhower e Montgomery e il Maresciallo Tedder, della Royal Air Force, seguono le esercitazioni della 3a Divisione Corazzata statunitense comandata dal generale Watson. Il carro armato della fotografia è un M4A1 (75), riconoscibile dalle forme arrotondate dello scafo superiore ottenuto per fusione. US NARA

▲ Questa immagine mostra un rarissimo M4 (75) 'composite' (a struttura mista) dotato degli stretti portelli di accesso di tipo iniziale. Si tratta di un carro utilizzato come osservatorio avanzato dal 499° Battaglione di artiglieria semovente inquadrato nella 14a Divisione Corazzata, fotografato negli Stati Uniti nel gennaio 1944. Lo scafo superiore era formato dall'unione di due sezioni principali, una ottenuta per fusione, l'altra costituita da parti saldate. Furono prodotti solo 50 carri di questa versione. US NARA

► Un M4 (75) provvisto di dispositivi per il guado profondo, appartenente alla 2a Divisione Corazzata, entra in retromarcia all'interno di una Landing Ship Tank diretta in Normandia. Inghilterra, 7 giugno 1944. US NARA

▲ DESTROYER, un M4 (75) prodotto dalla Baldwin Locomotive Works, equipaggiato con un 'cutter tipo Culin' atto a penetrare nelle fitte siepi del 'bocage' normanno, si è ribaltato. Incidenti di tale portata potevano avere conseguenze letali per gli equipaggi. Canisy (Normandia), luglio 1944. US NARA

▼ Francia, 15 agosto 1944: un M4 (75) 'composite' dotato di 'cutter modello Douglas' supera un cannone tedesco da 88 mm abbandonato. Su questi Sherman, la parte anteriore, sulla quale si aprivano i larghi portelli di accesso di ultimo tipo era ricavata per fusione, quella restante era costituita da piastre saldate. Si tratta della variante di M4 a struttura mista più prodotta. US NARA

▲ Un M4A1 (76) w, con scafo superiore interamente ottenuto per fusione, messo fuori combattimento in Normandia, probabilmente durante l'Operazione 'Cobra'. Su questa versione il munizionamento era stoccato in contenitori protetti da una miscela liquida avente lo scopo di scongiurare eventuali incendi quando il carro veniva colpito. Ogni designazione ufficiale comprendente il suffisso 'w', indica che lo Sherman al quale essa è riferita è dotato del cosiddetto 'stivaggio munizioni bagnato'. US NARA

▼ Un M4A1 (76) w di produzione iniziale in servizio presso la 3a Divisione Corazzata fotografato a Chenee (Belgio) il 7 settembre 1944. US NARA

▲ FREEDOM'S-FORCE, un M4 (75) prodotto dalla Baldwin Locomotive Works, in forza alla 3a Divisione Corazzata, mostra l'intera gamma di protezioni addizionali approntate per rimediare alle mancanze del progetto originale dello Sherman: alla 'guancia' corazzata applicata in torretta si aggiungono le piastre collocate sui fianchi dello scafo in corrispondenza dei contenitori delle munizioni, una a sinistra e due a destra (non visibili) nonchè le più piccole corazzature fissate davanti alle postazioni di pilota e assistente. Spontin (Belgio), settembre 1944. US NARA

▼ Questo M4A1 (75) del 756° Battaglione Carri, fotografato ad Aix-en-Provence nell'agosto del 1944, esibisce una livrea a due toni realizzata tramite l'applicazione di grandi bande in 'earth yellow' sulla tonalità 'olive drab' di fondo. US NARA

▲ Uno dei primi M4A3 (75) w impiegati dall'esercito americano in Francia. L'inclinazione dello scafo superiore di questa più tardiva versione è di 47°, a differenza di quella degli Sherman più vecchi, pari a circa 56°. US NARA

▼ Un M4 (75) statunitense messo fuori combattimento nel corso dei combattimenti presso Luneville (a sud est di Nancy) alla fine di settembre del 1944. La contenuta dimensione dei portelli dello scafo rendeva difficile la rapida evacuazione dal carro in condizioni di emergenza, fattore che causò numerosi feriti tra i membri degli equipaggi. US NARA

▲ Un M4 (75) del 745° Battaglione Carri, ancora provvisto di parte del dispositivo di guado posteriore, avanza lungo una strada di Aquisgrana il 15 ottobre 1944. US NARA

▼ Un M4A1 (75) di produzione iniziale, equipaggiato con carrelli dotati di sospensioni a molle verticali di primissimo tipo, distrutto presso La Salle (Francia), il 3 novembre 1944. US NARA

▲ Vari sacchi di sabbia sono stati piazzati sullo scafo anteriore di questo M4 (75) della 3a Divisione Corazzata allo scopo di fornire maggiore protezione contro le armi portatili anticarro tedesche, i temibili panzerfaust. Le corazze aggiuntive predisposte per i fianchi dello scafo venivano aggiunte sia nel corso della produzione sia durante il ricondizionamento dei vecchi Sherman. Stolberg (Germania), 3 novembre 1944. US NARA

▲ Una colonna di M4A3 (75) w della 14a Divisione Corazzata immortalata nelle vicinanze di Cirey (Francia), il 23 novembre 1944. Degno di nota il grande e tipico portello in posizione aperta sullo scafo del carro in primo piano. In torretta è presente una cupola del capocarro di modello tardivo. US NARA

▼ Sebbene sia stato colpito da un cannone tedesco da 88 mm, questo M4A3E2 'Jumbo' della 6a Divisione Corazzata non è stato distrutto. Morville-sur-Nied (Francia), 16 novembre 1944. US NARA

▲ Uno dei rari M4A1 (75) con 'stivaggio munizioni asciutto', caratterizzato dalla presenza di corazzature addizionali laterali incorporate nello scafo e grandi portelli di accesso. Tale versione è stata prodotta unicamente dalla Pressed Steel. Questo M4A1 è un ex carro anfibio e la fotografia è stata probabilmente scattata in Lussemburgo durante l'autunno del 1944. US NARA

▼ Carri armati M4A3 (75) w della 14a Divisione Corazzata fotografati a Epfig (Francia), l' 11 dicembre 1944. La piastra frontale di questi Sherman è del tipo più tardivo, come comprovato dalla posizione più esterna dei due anelli di sollevamento anteriori. US NARA

▲ I treni di rotolamento costituiti dagli originali carrelli con sospensioni a molle verticali mostravano spesso tutta la loro inadeguatezza su terreni difficili come quelli fangosi. Una grande stella bianca cerchiata, tipica insegna di riconoscimento alleata, appare sulla corazzatura in tre pezzi del differenziale dell'M4 (75) in primo piano. Notare le protezioni aggiuntive, sia sulla torre sia in corrispondenza delle postazioni di pilota e assistente. US NARA

▲ Questa vista frontale di un M4 (75) mette in evidenza le due piastre corazzate addizionali applicate dinanzi ai portelli di accesso allo scafo e la corazzatura in tre pezzi del differenziale. US NARA

▲ Un M4 della Compagnia C, 68° Battaglione Carri, 6a Divisione Corazzata in movimento su terreno fangoso. US NARA

▲ Gli Sherman con sospensioni a molle verticali (VVSS) erano penalizzati da un'inadeguata mobilità su terreni soffici, a causa dell'elevata pressione al suolo esercitata dagli stretti cingoli. Per ovviare inizialmente al problema, gli statunitensi idearono i cosiddetti 'duck-bills', connettori aggiuntivi per le maglie dei cingoli, al fine di ampliarne la larghezza. US NARA

▼ Tre Sherman e un veicolo corazzato da recupero M32 fotografati a Lemberg (Francia), il 12 dicembre 1944. L'M4A3 (76) w in primo piano precede due M4A3 (75) w. I mezzi, in forza al 781° Battaglione Carri, sono stati collegati per mezzo di cavi allo scopo di contribuire con maggiore efficacia al traino di un altro Sherman, non visibile nell'immagine. US NARA

▲ Sulla piastra anteriore di questo M4A3 (75) w del 746° Battaglione Carri sono stati fissati dei tronchi di legno uniti tra loro, collocabili al di sotto dei cingoli per agevolare brevi spostamenti su terreni difficili. US NARA

▲ La piastra anteriore di questo M4A3 (76) w della Compagnia A, 48° Battaglione Carri, 14a Divisione Corazzata, presenta numerosi sacchi di sabbia utilizzati come protezione aggiuntiva. US NARA

▲ Questo M4A1 (76) w mimetizzato con fogliame è munito di 'duck-bills'. Notare il deterioramento degli 'chevron' scolpiti sulla gomma delle maglie che compongono i cingoli. Dintorni di Frandeux (Belgio), 27 dicembre 1944. US NARA

▼ Questo celebre scatto ritrae COBRA KING, l'M4A3E2 comandato dal tenente Charles P. Boggess, in servizio presso la Compagnia C, 37° Battaglione Carri, 4a Divisione Corazzata, all'epoca dell'offensiva americana diretta a spezzare l'accerchiamento tedesco di Bastogne. Si noti la grande scritta tracciata sul fianco dello scafo. Zona di Bastogne (Belgio), fine dicembre 1944. US NARA

▲ Un M4 (75) della 4a Divisione Corazzata in sosta presso Bastogne (Belgio), il 6 gennaio 1945. US NARA

▲ La carcassa bruciata di un M4 (75) con scafo 'composite' (a struttura mista), colpite nei dintorni di Wardin (Belgio) durante la battaglia delle Ardenne. US NARA

▼ Il piccolo villaggio alsaziano di Wingen-sur-Moder (Francia) fu teatro di cruenti combattimenti tra le forze statunitensi e quelle tedesche. Questa foto, scattata il 7 gennaio 1945, ritrae un M4A3 (76) w del a Compagnia B, 781° Battaglione Carri. US NARA

▲ Prigionieri tedeschi passano accanto a un M4A3E2 messo fuori combattimento. Si noti la spessa corazza della scudatura dell'affusto. Foy (Belgio), gennaio 1945. US NARA

▲ Belgio, gennaio 1945. Un carrista della 10a Divisione Corazzata applica una mano di colore bianco su un M4A3 (75) w. Le torrette armate con il pezzo da 75 mm che equipaggiavano gli Sherman con scafi inclinati anteriormente di 47°, presentavano un profilo posteriore leggermente rialzato. Tale modifica fu attuata per agevolare l'escursione dei grandi portelli dello scafo quando la torretta era ruotata verso il retro del carro. US NARA

▼ Il tenente colonnello Creighton Abrams fu certamente uno dei più grandi assi delle forze corazzate statunitensi. In questa foto lo vediamo (sulla destra) accanto al proprio carro armato, un M4A3 (76) w denominato THUNDERBOLT VI, nel gennaio 1945. Durante la battaglia delle Ardenne, Abrams era al comando del 37° Battaglione Carri della 4a Divisione Corazzata. US NARA

▲ Un M4 (75) con cingoli dotati di 'duck-bills' e mimetizzato con vernice bianca sosta in un campo innevato. Molti 'duck-bills' furono realizzati presso officine francesi e belghe. US NARA

▼ Un carrista statunitense rifornisce di munizioni il proprio M4A3 (105). Questo mezzo, fotografato nella zona di Hatten (Belgio) il 20 gennaio 1945, apparteneva al 48° Battaglione Carri della 14a Divisione Corazzata. US NARA

▲ Un carrista del 42° Battaglione Carri, 11a Divisione Corazzata, seduto di fronte a un M4A3 (75) w, rammenda il proprio vestiario servendosi di una vecchia macchina da cucire. Steinbach (Belgio), 23 gennaio 1945. US NARA

▲ Gli Sherman armati con il cannone M3 da 75 mm erano talvolta utilizzati in azioni di artiglieria. In questa immagine appaiono alcuni M4A3 (75) w della Compagnia A, 23° Battaglione Carri, 12a Divisione Corazzata, impegnati in una missione di fuoco indiretto. Dintorni di Gambsheim (Francia), gennaio 1945. US NARA

▼ Questo M4A3 (76) w della 14a Divisione Corazzata, immortalato a Niederbetsdorf (Alsazia, Francia) è provvisto di numerosi sacchi di sabbia, accuratamente sistemati in intelaiature metalliche saldate allo scafo, al fine di migliorare la protezione del carro. Tali strutture erano realizzate presso le officine campali della 7a Armata Statunitense. US NARA

▲ Dopo i duri combattimenti affrontati nelle Ardenne, gli americani cominciarono a dotare le torrette e gli scafi dei propri carri armati di grandi corazzature supplementari, come quelle che appaiono su questo M4A3 (76) w HVSS della 11a Divisione Corazzata. US NARA

▲ Un'immagine di un M4A3E2 'Jumbo' riarmato con un pezzo da 76 mm. Questo carro d'assalto beneficiava di una spessa corazzatura. US NARA

▼ Per rimediare definitivamente ai problemi di mobilità dello Sherman su terreni soffici, gli americani svilupparono un nuovo treno di rotolamento, costituito da carrelli con sospensioni a molle orizzontali e cingoli larghi ben 58,42 cm. Questa fotografia, scattata a Bocholtz (Olanda) il 23 febbraio 1945, mostra un M4A3 (76) w HVSS dell'8a Divisione Corazzata, provvisto di cingoli modello T66. US NARA

▲ Sullo scafo anteriore di questo M4A3 (76) w HVSS è stata fissata una grande piastra corazzata addizionale. Gli Sherman così configurati marciavano sovente alla testa delle colonne che si addentravano in aree difese da agguerrite unità anticarro. US NARA

▲ Un M4A3 (105) della 10a Divisione Corazzata traina un carrello portamunizioni nelle vicinanze di Treviri (Germania). Gli Sherman armati con l'obice da 105 mm supportavano i battaglioni di appartenenza con azioni di fuoco indiretto. US NARA

▼ Il retro della torretta di questo M4A3 (75) w in forza alla 5a Divisione Corazzata ospita un portapacchi di fattura campale. Si noti il portello ovale del servente al pezzo da 75 mm (elemento presente sul cielo di tutte le torrette con profilo posteriore rialzato) in posizione aperta. Lovenich (Germania), 27 febbraio 1945. US NARA

▲ Il 761° e il 784° Battaglione Carri furono due importanti formazioni corazzate statunitensi impiegate in Europa nord-occidentale formate da personale di colore. In questa immagine si può osservare un M4A3 (76) w del 784° Battaglione Carri, seguito da un M4A3 (75) w del medesimo reparto. US NARA

▲ Questo M4A3 (76) w era in forza al 761º Battaglione Carri, l'unità corazzata afro-americana più decorata della Seconda Guerra Mondiale. US NARA

▼ I carrelli delle sospensioni di questo M4A3 (75) w presentano dei rulli a raggi con piccoli fori ovali, utilizzati a partire dalla seconda metà del 1944. US NARA

▲ Vista anteriore di un M4A1 (76) w appartenente alla Compagnia E, 32° Reggimento Corazzato, 3a Divisione Corazzata. La presenza dei sostegni per ampi parafanghi sui fianchi potrebbe suggerire che questo carro armato sia stato ricondizionato. Colonia (Germania), marzo 1945. US NARA

▲ Un altro M4A1 (76) w del 32° Reggimento Corazzato, 3a Divisione Corazzata sosta tra le rovine di Colonia (Germania). Uno dei nuovi ed eccellenti carri armati T26E3 Pershing assegnati alla medesima unità appare a destra nella fotografia. US NARA

▼ Questo M4A1 (75) del 741° Battaglione Carri è dotato di corazzature aggiuntive e di cingoli con maglie in gomma tipo T51 corredati da 'duck-bills'. Il veicolo monta anteriormente un 'cutter', noto espediente di origine campale ideato per attraversare le fitte siepi della Normandia. Le sezioni di rete metallica a trama esagonale (Sommerfeld Matting) presenti su scafo e torretta venivano utilizzate per facilitare l'applicazione di fogliame a scopi mimetici. Dumpelfeld (Germania), 9 marzo 1945. US NARA

▲ Allo scopo di migliorarne la protezione, si procedette a stendere uno strato di cemento sulla piastra frontale di alcuni carri armati, come nel caso di questo M4A3 (76) w. Gelsenkirchen (Germania), 19 marzo 1945. US NARA

▲ Un M4A3 (75) di produzione iniziale con 'stivaggio munizioni asciutto' del 745° Battaglione Carri messo fuori combattimento a Rottbitze (Germania) il 20 marzo 1945. Si tratta di uno Sherman ricondizionato con l'installazione di sostegni per parafanghi più estesi sui fianchi e l'applicazione di corazze aggiuntive. US NARA

▲ Una colonna di Sherman della 6a Divisione Corazzata in avanzata. Il carro armato in primo piano è un M4 (105) con motore radiale a benzina. US NARA

▼ Vista anteriore di un M4A3 (75) w. Questo carro armato è provvisto di cingoli con maglie in gomma tipo T51 e 'duck-bills'. US NARA

▲ Le sollecitazioni e gli eventuali urti riportati dai cingoli durante la marcia causavano sovente il distacco dei 'duck-bills' dalla loro sede. Questo M4 (75) del 735° Battaglione Carri costituisce un illuminante esempio al riguardo. US NARA

▲ La piastra anteriore di questo M4A3 (75) w della 9a Divisione Corazzata evidenzia una configurazione di tipo tardivo, come testimoniato dalla posizione degli occhioni di sollevamento, prossima al bordo dello scafo. Si noti la corazzatura 'monoblocco' del differenziale, anch'essa di ultima versione. Westhausen (Germania), 20 aprile 1945. US NARA

▲ Un M4A3 (76) HVSS e un M4A1 (75) fotografati a Norimberga (Germania). US NARA

▼ Il relitto incendiato di un M4A1 (75) di produzione iniziale giace sul terreno dello Stadio di Norimberga. Questo carro è dotato di corazzature addizionali e di contenitori per sacchetti di sabbia, destinati ad accrescerne la protezione. Degna di nota in torretta la cupola del capocarro, di tipo tardivo. Norimberga (Germania), aprile 1945. US NARA

▲ Un M4A3 (75) w statunitense fotografato a Lipsia (Germania). US NARA

▲ Un M4 (75) ricondizionato della 20a Divisione Corazzata attraversa il Danubio il 27 aprile 1945. Questo carro, originaria-
mente prodotto dalla Pressed Steel, è dotato di uno scafo inferiore rivettato e mostra un'insolita piastra corazzata aggiuntiva
di grandi dimensioni sul fianco destro dello scafo superiore. US NARA

▲ Questo M4A3 (76) w della 12a Divisione Corazzata è stato battezzato WAS IST DAS (in italiano: CHE COS'E'). Notare le forme della nuova e più grande torretta che equipaggiava tutti gli Sherman armati con il cannone da 76 mm. US NARA

▲ Un M4 (75) della 7a Divisione Corazzata su una spiaggia del Mar Baltico. Dintorni di Rehna (Germania), 3 maggio 1945. US NARA

▼ Un M4A3 (105) HVSS della 13a Divisione Corazzata oltrepassa il confine tra Germania e Austria. Un appellativo, ANDY (forse il nome individuale del veicolo), è a malapena visibile sul fianco destro della torretta. Questo carro monta cingoli modello T80. US NARA

▲ La 20a Divisione Corazzata ebbe il battesimo del fuoco solo il 25 aprile 1945, nelle vicinanze di Dorf (Germania). La fotografia ritrae un M4A3 (76) w HVSS di questa unità nell'abitato di Salisburgo (Austria). Alcune fonti riportano che la 20a Divisione Corazzata impiegò alcuni M4 (105) con sospensioni a molle orizzontali (HVSS) durante gli ultimi giorni del conflitto. US NARA

▲ Un M4A1 (76) w avanza nell'abitato di Dobrany, Cecoslovacchia, il 6 maggio 1945. Il cannone del carro è privo di freno di bocca, connotato che caratterizzava gli Sherman da 76 mm di produzione più tardiva. US NARA

▲ Un M4A3 (76) w HVSS della 11a Divisione Corazzata supera il fiume Muhl a Neufelden (Austria), il 4 maggio 1945. US NARA

▲ Questo M4A3 (76) w HVSS del 37°Battaglione Carri, 4a Divisione Corazzata, è stato fotografato in Cecoslovacchia poco prima della fine della guerra. La Terza Armata del Generale Patton liberò la parte occidentale del Paese. US NARA

▲ Un M4A3 (75) w della 16a Divisione Corazzata riceve il benvenuto dai partigiani e dalla popolazione di Pilsen (Cecoslovacchia), il 6 maggio 1945. Esiste evidenza fotografica dell'utilizzo di un piccolo numero di M4A3 (75) w HVSS (sospensioni a molle orizzontali) da parte di questa divisione. US NARA

▲ Questa immagine, più unica che rara, ritrae un M4A1 (76) w HVSS in servizio presso il 735° Battaglione Carri. Nonostante molti studiosi sostengano, a ragione, che carri così configurati siano giunti in Europa troppo tardi per essere utilizzati al fronte, non si può escludere che lo Sherman in questione sia stato consegnato al reparto prima della cessazione delle ostilità. Germania, primavera 1945. Collezione privata

SHERMAN BRITANNICI

▲ I britannici elaborarono un nuovo sistema per classificare le diverse versioni del o Sherman. Ogni variante era identificata dal nome del carro seguito da un numero romano. In questa immagine appare uno Sherman V (designazione britannica dell'M4A4 armato con il cannone da 75 mm) della 79a Divisione Corazzata, a bordo di un mezzo da sbarco. Degne di nota le feritoie per la visione diretta situate dinanzi ai portelli di accesso allo scafo. L'affusto è del tipo M34, caratterizzato dalla stretta scudatura esterna. Dintorni di Ipswich (Inghilterra), 28 gennaio 1924. Collezione privata

▲ Uno Sherman III (designazione britannica dell'M4A2 con cannone da 75 mm) di produzione Fisher, entra in retromarcia su un mezzo da sbarco LCT (Landing Craft Tank). Questo carro era in forza allo Squadrone C, 13°/18° regg. Ussari, 27a Brigata Corazzata. Gosport (Inghilterra), giugno 1944. Collezione privata

▲ VIRGIN, uno Sherman III del Quartier Generale dell'8a Brigata Corazzata, sbarca in Normandia. Gli Sherman III erano dotati di un motore diesel General Motors. US NARA

▲ I Firefly furono ottenuti esclusivamente attraverso la conversione di carri M4 (Sherman I), M4 'composite' (Sherman I 'hybrid') e M4A4 (Sherman V). Tutte le designazioni britanniche dei Firefly terminano con la lettera 'C' che identifica l'armamento principale, il potente pezzo da 17 libbre (76,2 mm). Questa fotografia mostra uno Sherman IC 'hybrid' in Normandia (Francia). US NARA

▼ Uno Sherman I 'hybrid' del 144° regg. Royal Armoured Corps, 33a Brigata Corazzata. Collezione dell'autore

▲ Lo Sherman V FOX della Batteria 'F', Royal Marines Armoured Support Group, fotografato in Normandia (Francia) il 13 giugno 1944. Intorno alla torretta sono dipinti numeri e gradi in vernice bianca. Queste cifre potevano essere allineate con il bersaglio, rendendo così possibile a un osservatore esterno la direzione del fuoco del carro. Collezione privata

▲ Su questo Sherman VC del 44° Royal Tank Regiment, 4a Brigata Corazzata, le sezioni posteriori dei parafanghi erano fissati in posizione arretrata sullo scafo superiore, in modo da ricavare dei contenitori per immagazzinare equipaggiamento vario. Tale pratica era molto diffusa presso gli equipaggi della brigata. Normandia (Francia), giugno 1944. US NARA

▲ Uno Sherman III del 13°/18° Ussari, 27a Brigata Corazzata. Alla fine del mese di luglio del 1944 l'unità fu sciolta a causa delle perdite subite. I reggimenti che ne facevano parte ebbero destini differenti. Il 13°/18° Ussari fu trasferito alla 8a Brig. Corazzata, il 1° East Riding Yeomanry fu assegnato alla 33a Brig. Corazzata. Lo Staffordshire Yeomanry fece invece ritorno in patria. Collezione dell'autore.

▲ Lo Sherman V osservatorio avanzato del Quartier Generale della 29a Brigata, 11a Divisione Corazzata. Si tratta del carro comando del generale di brigata Roscoe Harvey (a sinistra), qui fotografato insieme al comandante della 11a Div. Cor., il generale George Roberts (a destra). Normandia (Francia), estate 1944. Collezione privata

▼ Uno Sherman V destinato al ruolo di osservatore avanzato di artiglieria viene recuperato dopo aver riportato ingenti danni al treno di rotolamento. Si tratta di un carro in servizio presso il 5° regg. Royal Horse Artillery della 7a Divisione Corazzata. Normandia (Francia), 13 Agosto 1944. Collezione privata

▲ Carristi britannici riforniscono di munizioni il proprio Firefly. Si tratta di HANGING HOUGHTON, uno Sherman VC dello Squadrone C, 1° Northamptonshire Yeomanry, 33a Brigata Corazzata. Al pari di altri carri dello stesso Squadrone, anche a questo Firefly fu assegnato il nome di una località del distretto di Daventry, situato nella contea inglese del Northamptonshire. Francia, estate 1944. Collezione privata

▲ Tre Sherman V del 2° Grenadier Guards, Divisione Corazzata della Guardia, avanzano all'interno di Villers-Bretonneux, la cittadina francese nota per essere stata il teatro del primo combattimento fra carri armati della storia, avvenuto il 24 aprile 1918. Gli Sherman V (M4A4 (75) prodotti dalla Chrysler) erano sempre dotati di corazzatura del differenziale in tre pezzi. Collezione dell'autore

▼ Carri armati dello Squadrone B, 2° Batt. Guardie Irlandesi, Divisione Corazzata della Guardia attraversano il ponte sul fiume Waal a Nijmegen (Olanda) durante l'Operazione 'Market Garden'. Lo Sherman VC in primo piano, battezzato BUN-CRANA (dal nome di una città irlandese), è seguito da diversi Sherman V. E' il 21 settembre 1944. US NARA

▲ Un paracadutista statunitense esamina uno Sherman IC distrutto. Si noti la piastra corazzata saldata in corrispondenza della posizione della mitragliatrice sullo scafo anteriore. La necessità di disporre di maggiore spazio per alloggiare le voluminose munizioni condusse all'eliminazione dell'assistente pilota dagli equipaggi dei Firefly. Dintorni di Erf (Olanda), settembre 1944. US NARA

▼ Il XXX Corpo britannico giocò un ruolo decisivo nella battaglia delle Ardenne poiché contribuì ad arrestare l'offensiva tedesca verso la Mosa. In questa immagine, alcuni Sherman del 1° East Riding Yeomanry, 33a Brigata Corazzata, sostano a Hotton (Belgio) il 4 gennaio 1945. I due carri in primo piano sono entrambi degli Sherman IC. Le lunghe canne del pezzo da 17 libbre sono poggiate sulle rizze collocate sul retro degli scafi. US NARA

▲ SNOW WHITE, uno Sherman V del Quartier Generale della 5a Brigata Cor., Divisione Corazzata della Guardia. Valkenswaard (Olanda), 17 settembre 1945. Collezione dell'autore

▲ Lo scafo superiore di questo Sherman II (designazione britannica dell'M4A1 armato con il pezzo da 75 mm) presenta ispessimenti della corazzatura in corrispondenza degli alloggiamenti per le munizioni. Gli scafi configurati in tal modo furono introdotti dalla Pressed Steel nell'ottobre del 1943. Collezione privata

▲ SHAGGY DOG, uno Sherman III dello Squadrone C, 4°/7° Royal Dragoon Guards, 8a Brigata Corazzata, muove alla testa di una colonna britannica nel Reichswald. Collezione privata

▼ La carcassa di uno Sherman II del regg. Royal Scots Greys, 4a Brigata Corazzata, giace su un campo nei dintorni di Nederweert (Olanda). Questo carro è dotato di una torretta priva di 'pistol port' sul fianco sinistro e monta anteriormente un 'cutter'. Gemeentearchief Weert

▲ INDIANA, uno Sherman I dello Squadrone B, 1° Northamptonshire Yeomanry, 33a Brigata Corazzata, avanza nei pressi di Udenhout (Olanda) il 29 ottobre 1944. Tre mesi più tardi, la 33a Brig. Cor. fu riequipaggiata con mezzi anfibi 'Buffalo' in vista dell'attraversamento del Reno. Collezione privata

▲ MARGARET, uno Sherman II della 4a Brigata Corazzata, fotografato presso Weert (Olanda), il 26 settembre 1944. Gemeentearchief Weert

▼ LANCASHIRE, uno Sherman III della 8a Brigata Corazzata ritratto in una via di Kevelaer (Germania), il 4 marzo 1945. Collezione privata

▲ Carri Sherman III e Sherman VC della 8a Brigata Corazzata, in movimento nell'abitato di Kevelaer (Germania), il 4 marzo 1945. Collezione privata

▲ Uno Sherman IC 'Hybrid' con cingoli in gomma tipo T48 e 'duck-bills'. Amburgo (Germania), 4 maggio 1945. Australian War Memorial

SHERMAN CANADESI

▲ I canadesi utilizzarono il sistema di classificazione britannico per lo Sherman. Questa immagine mostra uno Sherman VC della 2a Brigata Corazzata canadese a Courseulles-sur-Mer (Normandia) nel giugno 1944. Al fine di ricavare lo spazio necessario all'installazione del dispositivo per il guado profondo a protezione degli scarichi, la grande cassa di stivaggio sul retro dello scafo è stata spostata leggermente verso l'alto rispetto alla posizione originale. Il carro monta cingoli in acciaio modello T62. Library Archives Canada

▲ Lo Sherman V CHASER, appartenente al 27° Regg. Corazzato (The Sherbrooke Fusiliers), 2a Brigata Corazzata, fu colpito presso Authie (Normandia), il 7 giugno 1944. I cannoni da 17 libbre che armavano i Firefly furono installati sulle torrette che in origine ospitavano il pezzo da 75 mm. La torretta di CHASER è priva di 'pistol port'. Collezione privata.

▼ Due Sherman III del 10° Regg. Corazzato (The Fort Garry Horse), 2a Brigata Corazzata, distrutti a Rots (Normandia), l'11 giugno 1944. Gli Sherman III furono impiegati soprattutto da questa brigata. Le altre formazioni canadesi schierate in Europa nord-occidentale non furono normalmente dotate di tale versione. Library Archives Canada

▲ Uno Sherman III dello Squadrone C, 27° Regg. Corazzato (The Sherbrooke Fusiliers), avanza nell'abitato di Caen (Normandia). Sebbene non visibili nella fotografia, il contrassegno tattico dello Squadrone C (un cerchio di colore scuro bordato di blu) e il numero individuale del mezzo (14, in bianco) sono tracciati sul retro della cassa di stivaggio fissata alla torretta. Library Archives Canada

▼ Uno Sherman V canadese messo fuori combattimento in Normandia. Questo carro era in forza al South Alberta Regiment, l'unità esplorante della 4a Divisione Corazzata. Il fuoco ha divorato la gomma che costituiva le maglie del cingolo destro, lasciandone intatto solo lo scheletro. Collezione privata

▲ Uno Sherman III dello Squadrone B, 27° Regg. Corazzato, (The Sherbrooke Fusiliers), 2a Brigata Corazzata, muove in appoggio alla fanteria canadese a Falaise (Normandia), il 17 agosto 1944. Il carro della fotografia potrebbe essere il celebre BOMB, del quale si parlerà più oltre. Library Archives Canada

▲ Nel tentativo di incrementarne la protezione, uno spezzone di cingol. prelevato da un carro tedesco Panther è stato siste-
mato sulla torretta di questo Sherman V del 29° Reggimento Esplorante Corazzato (The South Alberta Regiment). Bergen op
Zoom (Olanda), 29 ottobre 1944. Library Archives Canada

▲ Uno Sherman VC precede uno Sherman IC. Si tratta di due carri del reggimento Fort Garry Horse. Olanda, 30 ottobre 1944. Library Archives Canada

▼ Vista posteriore di uno Sherman VC canadese. Questo carro, fotografato il 15 aprile a Leeuwarden (Olanda), reca i contrassegni dello Squadrone C, The Sherbrooke Fusiliers Regiment, 2a Brigata Corazzata canadese. Il portello quadrangolare del servente al pezzo, in posizione aperta sulla torretta (a sinistra), peculiarità dei Firefly, è chiaramente visibile. Collezione privata

▲ Uno Sherman V del 3° Regg. Esplorante Corazzato (General Governor's Horse Guards), 5a Divisione Corazzata canadese, letteralmente ricoperto di spezzoni di cingolo impiegati alla stregua di corazzature addizionali. L'estesa scudatura esterna dell'affusto tipo M34A1 proteggeva non solo il cannone ma anche la mitragliatrice coassiale Cal. .30 e il congegno di puntamento. Library Archives Canada

▲ Un altro Firefly canadese immortalato a Leeuwarden. La torretta con profilo posteriore basso di questo Sherman IC presenta un ispessimento della corazza sulla superficie anteriore del lato destro ed è pertanto priva di 'pistol port'. Entrambe le modifiche furono infatti introdotte congiuntamente. Collezione privata

▼ Uno Sherman IC 'hybrid' (con scafo superiore a struttura mista) dello Squadrone C, The Fort Garry Horse, supera alcuni fanti del reggimento Les Fusiliers de Mont-Royal (2a Divisione di Fanteria canadese), nelle vicinanze di Munderloh (Germania) il 29 aprile 1945. La torretta e i fianchi del carro sono rivestiti con reti mimetiche. Library Archives Canada

▲ I britannici e quindi anche i canadesi, identificavano l'M4 (105) con la denominazione Sherman IB. La lettera 'B' indicava l'armamento principale del carro, un obice americano M4 da 105 mm. Lo Shermar IB di questa fotografia, scattata ad Amsterdam (Olanda) il 7 maggio 1945, apparteneva al 12° Regg. Corazzato (Three Rivers Regiment), inquadrato nella 1a Brigata Corazzata canadese. Library Archives Canada

▲ AMI, uno Sherman IB dello Squadrone A, Three Rivers Regiment, suscita la curiosità di alcuni civili nel corso di una parata tenuta dalle truppe canadesi. Nel marzo 1945, sia la 1a Brigata Corazzata sia la 5a Divisione Corazzata furono trasferite dall'Italia all'Europa nord-occidentale ove combatterono fino alla conclusione delle ostilità. Olanda. primavera 1945. Coll.privata

▼ BOMB, uno Sherman III dello Sherbrooke Fusiliers Regiment, assurse agli onori della cronaca per essere rimasto costantemente operativo dallo sbarco in Normandia fino all'ultimo giorno di guerra. Qui, lo vediamo immortalato un anno dopo il battesimo del fuoco, come indicato dalla scritta tracciata sul fianco dello scafo: D+365. Zutphen (Olanda), 8 giugno 1945. Library Archives Canada

SHERMAN CECOSLOVACCHI

▲ Uno Sherman IC del 1° Battaglione, 1a Brigata Corazzata Indipendente cecoslovacca, fotografato durante le operazioni condotte contro i tedeschi. La canna del pezzo da 17 libbre ha ricevuto una mano di colore bianco riproducente uno schema ondulato sulla superficie inferiore della sezione anteriore, al fine di far apparire l'arma come un normale cannone da 75 mm e ingannare così il nemico. La pericolosità del Firefly ne faceva un obiettivo primario dell'artiglieria controcarro tedesca. Coll. privata

▼ Tre Sherman IC 'hybrid' (con scafo a struttura mista) del 2° Battaglione, 1a Brigata Corazzata Indipendente cecoslovacca. Collezione privata

SHERMAN FRANCESI

▲ Un M4A2 (75) della 2a Divisione Corazzata Francese. La presenza di una placca Somua sulla posizione del pilota rammenta che l'equipaggio combatté in Tunisia a bordo di un carro S-35. Un foglio riportante i dati di imbarco è invece fissato dinanzi alla posizione dell'assistente pilota. US NARA

▲ Le forze armate della Francia Libera costituirono tre divisioni corazzate, equipaggiate con carri armati leggeri e medi di provenienza statunitense. In questa immagine, TARENTAISE, un M4A2 (75) del 2° Squadrone, 12° Reggimento Chasseurs d'Afrique, 2a Divisione Corazzata, sbarca sulla spiaggia 'Utah' (Normandia), il 1° agosto 1944. Il carro è dotato di una torretta di produzione iniziale con anelli di sollevamento fissati in posizione più elevata. US NARA

▼ MOGHRANE, un M4 (105) in dotazione al medesimo squadrone di TARENTAISE, prende terra in Normandia. Gli Sherman provvisti di obice da 105 mm presentavano scafi superiori inclinati anteriormente di 47° e dotati di grandi portelli di accesso nonché torrette con profilo posteriore rialzato. L'insegna di formazione apposta sui carri della 2a Divisione Corazzata Francese consisteva in una riproduzione in colore bianco della mappa di Francia, al cui centro spiccava una Croce di Lorena, su un campo circolare di colore blu. US NARA

▲ Gli M4A2 (75) della 2a Divisione Corazzata attendono gli ordini per muovere su Parigi. I carri francesi recavano sempre degli appellativi. I carristi del 12° Reggimento Chasseurs d'Afrique erano soliti battezzare i propri mezzi con i nomi delle antiche province di Francia (ad esempio: MAURIENNE, TARENTAISE). US NARA

▼ Questa fotografia, scattata a Marsiglia il 23 agosto 1944, mostra ST-QUENTIN, un M4A4 (75) del 4° Squadrone, 2° Reggimento Cuirassiers, 2a Divisione Corazzata. La battaglia per la liberazione della città ebbe termine il 28 agosto 1944. US NARA

▲ Nel quadro dell'Operazione Dragoon, truppe statunitensi e francesi sbarcarono sulle spiagge della Francia meridionale il 15 agosto 1944. In questa foto, VALMY, un M4A4 (75) del 4° Squadrone, 2ᶜ Reggimento Cuirassiers, 1a Divisione Corazzata Francese, si dirige verso il fronte. Il carro monta cingoli in acciaio tipo T49. US NARA

▼ In questa immagine appare VESOUL, un altro M4A4 (75) dello stesso squadrone di VALMY e ST_QUENTIN in azione contro i tedeschi a Marsiglia. Gli M4A4 erano mossi da un ingombrante motore Chrysler modello A57. L'installazione di un propulsore di siffatte dimensioni richiese l'ampliamento del compartimento motore, una modifica che comportò l'allungamento dello scafo. US NARA

▲ CHAMPAGNE, un M4A3 (76) w del 3° Squadrone, 12° Reggimento Chasseurs d'Afrique, 2a Divisione Corazzata, riceve il caloroso benevenuto della popolazione civile. Il 25 agosto 1944, nel corso dei combattimenti per la liberazione di Parigi, questo Sherman mise fuori combattimento un Panther tedesco a Place de la Concorde. US NARA

▼ Due M4 (105) della 2a Divisione Corazzata Francese transitano lungo una via di Parigi. Gli Sherman armati con l'obice da 105 mm non furono dotati del cosiddetto 'stivaggio munizioni bagnato'. Il munizionamento in dotazione a questi carri ammontava normalmente a 66 colpi. Di questi, 45 erano immagazzinati sul fondo dello scafo, 21 erano invece collocati in riservette corazzate poste sul fianco destro all'interno del mezzo. Collezione privata

▲ L'M4A2 (75) AUVERGNE del Gruppo Tattico Langlade, 2a Divisione Corazzata Francese, sfila a Parigi. Si notino le forme squadrate delle corazzature sulle posizioni di pilota e assistente, tipiche degli M4A2 (75) con scafi inclinati a 56° prodotti a partire dalla fine del 1942 presso il Fisher Tank Arsenal. US NARA

▲ Un M4A1 (75) del 1° Reggimento Cuirassiers, 5a Divisione Corazzata Francese, avanza all'interno di un centro abitato devastato dalla guerra. Questa divisione prese parte ai combattimenti presso Colmar e contribuì al superamento del Reno da parte delle forze francesi nel marzo del 1945. Collezione privata

▼ MAROC, un M4A1 (76) w del 2° Reggimento Chasseurs d'Afrique, 1a Divisione Corazzata Francese, attraversa il fiume Reno. Nonostante alcuni dettagli non siano visibili, questo Sherman presenta certamente una torretta T23 di produzione più avanzata, recante il caratteristico portello ovale per il servente e monta cingoli in acciaio T49 muniti di 'duck-bills'. Coll. dell'autore

SHERMAN POLACCHI

▲ La 1a Divisione Corazzata polacca, costituitasi il 26 febbraio 1942, giocò un importante ruolo nella liberazione della Francia, del Belgio e dell'Olanda. Gli Sherman in servizio presso le unità polacche erano sovente identificati tramite le designazioni britanniche. In questa immagine vediamo uno Sherman V dello Squadrone B, 1° Reggimento Corazzato, sbarcare ad Arromanches (Normandia, fine luglio 1944). Collezione privata

▲ Due Sherman V del 24º Reggimento Lancieri (24 Pułk Ułanów), 10a Brigata di Cavalleria Corazzata (10 Brygada Kawalerii Pancernej), 1a Divisione Corazzata. Si noti il maggiore spazio presente tra i carrelli delle sospensioni, un particolare che differenziava lo Sherman V dalle altre versioni. Collezione dell'autore

▼ Una colonna di Sherman V della 1a Divisione Corazzata polacca in Normandia. Si può notare che tutti i carri recano piastre corazzate addizionali sui fianchi dello scafo. Collezione privata

▲ Normandia, 8 Agosto 1944: Sherman V polacchi si apprestano ad attraversare il fiume Orne. Quindici giorni più tardi, a est di Argentan, la 1a Divisione Corazzata riuscì a chiudere il varco attraverso il quale sarebbero dovute defluire le truppe tedesche in ritirata. Library Archives Canada

▼ Gli Sherman V dello Squadrone A, 24° Reggimento Lancieri, superano il confine tra Belgio e Olanda. E' il 3 ottobre 1944. Collezione privata

▲ Uno Sherman VC polacco fotografato nella città olandese di Moerdijk il 10 novembre 1944. In Olanda l'avanzata delle unità corazzate polacche fu agevolata dall'indispensabile opera dei genieri che rese possibile, anche sotto il fuoco nemico, il passaggio dei numerosi corsi d'acqua naturali e artificiali che costellavano il piatto territorio. Collezione dell'autore

▼Uno Sherman IIA dello Squadrone B, 2° Reggimento Corazzato (Sherman IIA era la denominazione adottata dai britannici per l'M4A1 (76) w. La lettera 'A' indicava il cannone statunitense da 76 mm). Collezione privata

▲ Due Sherman IIA del Quartier Generale, 2° Reggimento Corazzato, 1a Divisione Corazzata polacca ritratti in Olanda. Il carro a sinistra che esibisce un' originale insegna sul fianco dello scafo è il ben noto LATAJACA KROWA (tradotto dal polacco: mucca volante), uno degli Sherman polacchi maggiormente immortalati. Collezione privata

▼ Un altro Sherman IIA del Quartier Generale del 2° Reggimento Corazzato. Il vittorioso cammino della 1a Divisione Corazzata polacca terminò a Wilhelmshaven (Germania), il 5 maggio 1945. Collezione privata

BIBLIOGRAFIA

Libri

- Chamberlain P., C. Ellis, *"British and American Tanks of World War II"*, ARCO Publishing Company, 1981.

- Culver B. *"Sherman in Action"*, Squadron/Signal Publications, 1977.

- Fletcher D., *"Sherman Firefly"*, Osprey Publishing Ltd., 2008.

- Forty G. *"United States Tanks of World War II"*, Blandford Press, 1989.

- Hunnicutt R.P., *"Sherman: A History of the American Medium Tank"*, Taurus Enterprises, 1978.

- Mesko J., *"Walk Around M4 Sherman"*, Squadron/Signal Publications, 2000.

- Sandars J. *"The Sherman Tank in British Service 1942-45"*, Osprey Publishing, 1982.

- Stansell P., Laughlin K., *"Son of Sherman Vol. 1: The Sherman Design and Development"*, The Ampersand Group, 2013.

- White B. T., *"British Tanks and Fighting Vehicles 1914-1945"* Ian Allan Ltd., 1970.

- Zaloga S. J., *"Armored Thunderbolt: The U.S. Army Sherman in World War II"*, Stackpole Books, 2008.

- Zaloga S. J., *"M4 (76mm) Sherman Medium Tank 1943-65"*, Osprey Publishing, 2003.

- Zaloga S. J., *"Patton's Tanks"*, Arms and Armour Press, 1984.

- Zaloga S. J., *"Sherman Medium Tank 1942-1945"*, Osprey Publishing, 1993.

Manuali U.S. Army

- Field Manual 17-12, *"Tank Gunnery"*, War Department, April 1943.

- Field Manual 17-30, *"Tank Platoon"*, War Department, October 1942.

- Field Manual 17-33, *"Tank Battalion"*, War Department, November 1944.

- Technical Manual 9-731 *"Medium Tank M4A2"*, War Department, January 1943.

- Technical Manual 9-731A, *"Medium Tanks M4 and M4A1"*, War Department, December 1942.

- Technical Manual 9-731AA, *"Medium Tank M4 (105 mm Howitzer) and Medium Tank M4A1 (76 mm Gun)"*, War Department, June 1944.

- Technical Manual 9-754, *"Medium Tank M4A4"*, War Department, January 1943.

- Technical Manual 9-759, *"Medium Tank M4A3"*, War Department, August 1942.

- Technical Manual 9-759, *"Medium Tank M4A3"*, War Department, September 1944.

TITOLI PUBBLICATI - ALREADY PUBLISHING

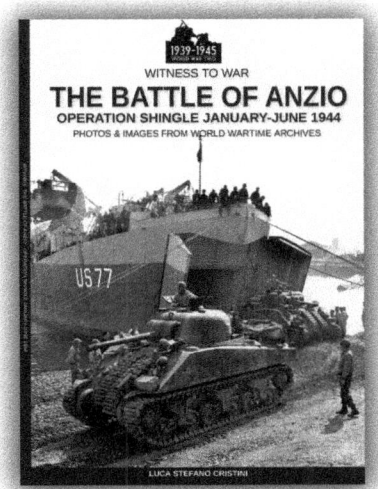

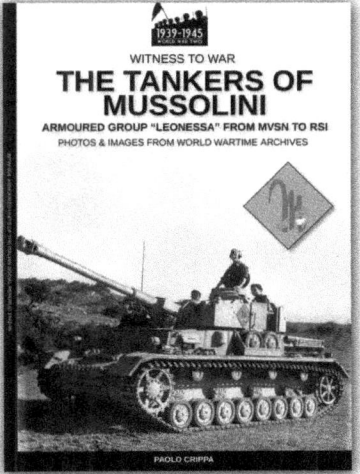

www.ingramcontent.com/pod-product-compliance
Lightning Source LLC
Chambersburg PA
CBHW041146120626
46547CB00020B/3136